もくじ

おおさかの 電車大百科

- 大阪環状線の新型車 323系 …… 02
- ぐるっと1周 大阪環状線大研究 …… 04
- 愛称のある快速電車 …… 06
- 関西地方をネットするJRの通勤電車 …… 08
- 通勤電車を調べてみよう！ …… 16
- 大阪駅大探検 …… コラム⑱
- 東海道・山陽新幹線 …… 20
- 山陽・九州新幹線 …… 22
- JRの特急列車 …… 26
- 電車の顔を比べてみよう …… コラム㉜

- 地下鉄に詳しくなろう …… 34
- 近鉄の電車 …… 38
- 南海電鉄の電車 …… 40
- 京阪電鉄の電車 …… 42
- 阪急電鉄の電車 …… 44
- 阪神電鉄の電車 …… 46
- 京都市交通局の電車 …… 48
- 神戸市交通局の電車 …… 49
- 山陽電鉄の電車 …… 50
- 泉北高速鉄道の電車 …… 51
- 神戸電鉄の電車 …… 52
- 北大阪急行電鉄の電車 …… 53
- 能勢電鉄の電車 …… 53
- 叡山電鉄の電車 …… 54
- 水間鉄道の電車 …… 54
- 近江鉄道の電車 …… 55
- 嵯峨野観光鉄道の列車 …… 55
- 京阪京津線の大冒険 …… コラム㊶

- 私鉄の特急と観光列車
  - 近鉄の特急 …… 58
  - 南海電鉄の特急 …… 62
  - 京阪電鉄の特急 …… 64
  - 阪急電鉄の特急 …… 64
  - 観光列車 …… 65
- 強いぞ！力持ち！電気機関車 …… 66
- 貨物列車のターミナル …… 68
- 日本一短い鉄道会社 紀州鉄道 …… コラム⑺
- 乗ってみたいな、チンチン電車 …… 72
- ユニークな電車1 モノレール …… 74
- ユニークな電車2 新交通システム …… 75
- ユニークな電車3 ケーブルカー …… 76
- ユニークな駅、おもしろい駅 …… コラム⑺

大阪環状線の新型車323系

323系は、2016年にデビューした大阪環状線の電車です。ステンレス製の車体に、225系などと共通のJR西日本の新しい顔をしています。これまで大阪環状線の電車はドアが4枚でしたが、323系では3枚になりました。前面の中央には、大阪環状線の駅数と同じ、19の点でオレンジ色の丸を描いています。

323系を観察してみよう！

車内は緑色のロングシートです。お客さんがにぎる吊り革や手すりを黄色くして、目立つようにしています。

端には車いすやベビーカーでも乗りやすいように、座席のない区画があります。貫通扉の上にはモニターがあります。

ドアの周囲も黄色くして、目立つようにしています。ドアの上のモニターは、左は停車駅などの情報、右は広告などを流しています。

323系は8両編成で、4号車は女性専用車です。ドア横のオレンジ色を、この車両だけピンク色にして分かりやすくしています。

ぐるっと1周 大阪環状線

大阪は川が多い街です。大阪環状線はたくさんの川を橋梁で渡ります。写真は安治川を渡っています。

福島

大阪

大阪駅から京橋、鶴橋と右回りに進む電車が、円の外側を走るので外回り、福島、西九条と左回りに進む電車が、円の内側を走るので内回りです。

大阪駅

野田

西九条

西九条駅では、阪神なんば線と接続します。阪神電車は大阪環状線の上を走ります。
西九条駅

大正駅の前後には、四角く高い、ユニークな形のトラス橋があります。写真は弁天町駅寄りの鉄橋です。

弁天町

大正

大阪環状線では、新今宮が通天閣に最も近い駅です。ホームからも見えます。

芦原橋駅寄りの四角い鉄橋は、大正駅のホームから見えます。2階建てのような高さがあります。

特急「はるか」も大阪環状線を走っています!

芦原橋

今宮

新今宮

大研究

大阪環状線にはどんな駅があって、線路はどうなっているのかな？調べてみよう！

天満

桜ノ宮

京橋

大阪城公園駅と京橋駅の間では、大阪城の天守閣や大阪城ホールが見えます。

● 大阪城公園

森ノ宮駅
森ノ宮駅から大阪城公園駅方面に勾配を下りていく電車です。右側に森ノ宮電車区があります。

● 森ノ宮

玉造駅の高架下にある「ビエラ玉造」は、以前、大阪環状線を走っていた103系電車の形をしています。

● 玉造

● 鶴橋

寺田町駅

寺田町駅のホームには、1932年に作られて、戦後に書き直されたと思われる駅名標が残っています。

外回りでは、鶴橋駅から寺田町駅の手前のカーブまで、ほぼ一直線の高架線を走ります。

● 桃谷

天王寺駅

大阪環状線の南側のターミナル、天王寺駅です。阪和線、関西本線と接続する駅で、大きな駅ビルもあります。

天王寺

寺田町

愛称のある快速電車

関西の三大都市、京都、大阪、神戸には大勢の人が通勤や通学をしています。そのため、JRや私鉄各社では、便利に、快適に移動できるように列車名や車両に工夫をしています。JRでは、わかりやすく、親しみをもってもらえるように快速に愛称を付けています。敦賀と播州赤穂の間を走る新快速を中心に、阪和線の紀州路快速、JR宝塚線の丹波路快速、大和路線の大和路快速、奈良線のみやこ路快速が走っています。

丹波路快速 223系

大阪と福知山を結ぶJR宝塚線・福知山線の快速です。三田や宝塚といった住宅街から大勢の人が利用しています。

福知山 — 福知山線 — 新三田 — 丹波路快速 — 宝塚 — JR宝塚線 — 尼崎

相生 — 姫路 — 西明石 — 新快速 — 神戸 — JR神戸線
山陽本線／赤穂線／播州赤穂

新快速 225系

山陽本線を走る新快速です。草津から西明石にかけては、4本の線路が並ぶ複々線区間です。

紀州路快速 223系

阪和線を走る紀州路快速です。日根野で関空快速を切り離し、和歌山まで単独で走っています。

大阪環状線には、紀州路快速と関空快速を連結した列車と大和路快速が乗り入れています。

西九条

関西空港 — 関西空港線 — 関空快速

日根野 — 紀州路快速 — 阪和線

和歌山

湖西線を走る新快速です。背後には大きな琵琶湖が広がっています。

新快速 223系

山科駅に入線する新快速です。山科駅では琵琶湖線に進む電車と湖西線に進む電車で線路が分かれます。

敦賀
近江塩津
湖西線
北陸本線
米原
琵琶湖
琵琶湖線

新快速 223系

湖西線を走る新快速です。湖西線は新しい路線で踏切がなく、速く走ることができます。

草津
新快速
京都
山科

大阪 **新大阪** JR京都線

奈良線
みやこ路快速

京橋

みやこ路快速 221系

京都と奈良を結ぶ快速です。全列車で221系が使用されています。

加茂
木津
奈良

大阪環状線

天王寺

大和路快速
大和路線

大和路快速 221系

大和路線を走る快速で、奈良や加茂を結びます。天王寺から大阪環状線を1周します。

関西地方をネットする
JRの通勤電車

JR京都線・JR神戸線・琵琶湖線
321系・223系

JR京都線は京都〜大阪間、JR神戸線は大阪〜姫路間の愛称で、西明石までは4本の線路が並ぶ複々線になっています。主に外側を停車駅の少ない特急や新快速、内側を各駅停車が走っています。

JR京都線・JR神戸線
207系

JR京都線・JR神戸線の各駅停車では、207系も活躍しています。リニューアル改造で、ヘッドライトなどの形が変わりました。

JRの通勤電車は、大阪を中心に東西を結ぶJR京都線・JR神戸線・琵琶湖線があり、さらに和歌山とを結ぶ阪和線、奈良とを結ぶ大和路線などが走っています。新たな路線も次々と開業し、便利になっています。

湖西線
223系

山科と近江塩津を結ぶ湖西線は、琵琶湖の西側を走っています。踏切はなく、琵琶湖線を経由するよりも距離が短いので、特急もたくさん走っています。

和田岬線
207系

和田岬線は山陽本線の支線で、兵庫と和田岬を結んでいます。沿線には工場が多く、朝夕の通勤時間帯だけ走っています。

JR東西線 207系

JR東西線は、京橋と尼崎を結ぶ路線です。線路は関西高速鉄道が保有し、JR西日本が列車の運行を行っています。ラインカラー（路線の色）は桜桃色です。

JR宝塚線 321系

大阪〜尼崎〜篠山口間にはJR宝塚線の愛称が付けられています。列車の表示器には黄色のラインカラーが入っています。

学研都市線 321系

京橋と木津を結ぶ学研都市線は、JR東西線に乗り入れてJR宝塚線とJR神戸線に直通運転する列車もあります。ラインカラーは桜桃色です(右)。

おおさか東線 221系

大阪と久宝寺とを結ぶおおさか東線は、もともとは貨物列車用だった路線を活用して開業しました。これまで線路はあるけれども貨物列車だけが走っていたので、旅客列車も走るようになって便利になりました。

JRゆめ咲線(桜島線)
323系

西九条と桜島を結ぶJRゆめ咲線は、ユニバーサル・スタジオ・ジャパン(USJ)のアクセス路線です。大阪環状線との直通列車も多いです。

草津線
223系

柘植と草津とを結ぶ草津線には、221系、223系、225系が走っています。223系は写真の阪和線カラーと新快速カラーの両方が見られます。

阪和線
225系

天王寺と和歌山を結ぶ路線で、大阪の「阪」と和歌山の「和」から阪和線といいます。ラインカラーはオレンジ色で、223系と225系が走っています。

大和路線
201系・221系

関西本線のJR難波～加茂間には大和路線の愛称があります。ラインカラーは緑色で、普通列車は201系（右）など、大和路快速は221系（左）で運転されています。

嵯峨野線 221系

京都と園部を結ぶ嵯峨野線は、山陰本線の一部分の愛称です。ラインカラーはムラサキ色で、221系と223系が走っています。

奈良線 205系

奈良線は京都と木津を結ぶ路線です。木津を通る奈良線の列車はすべて大和路線の奈良まで乗り入れています。221系と写真の205系が使われています。

**きのくに線
223系(けい)**

紀勢本線は、和歌山から紀伊半島をぐるりと回って三重県の亀山とを結ぶ路線です。新宮より西はJR西日本、東はJR東海の路線です。和歌山〜新宮間には、きのくに線の愛称があります。

**和歌山線・万葉まほろば線
227系(けい)**

和歌山と王寺とを結ぶ和歌山線と、途中駅の高田と奈良とを結ぶ桜井線(万葉まほろば線)は、227系1000番代で運転されています。

屋根に付いているこの部品は「パンタグラフ」といいます。架線(電車が走るための電線)から電気を取り込みます。223系は下枠交差式という形状ですが、ほかにも菱形、シングルアーム式など、さまざまな形状があります。

パンタグラフ

床下機器

客用ドア

ヘッドライト

パンタグラフで取り込んだ電気は、電車の床下に送られます。床下には走るのに必要な機械がびっしりと並んでいます。

通勤電車を調べてみよう!

通勤電車の屋根や車体には何が付いていて、どんなことをしているのかな?
それぞれの部品の役割を調べてみよう。

新快速などで走っている223系2000番代です。通勤電車のなかでも駅と駅の間が長い路線を走る車両なので、近郊形電車と呼ばれています。

- 種別表示器
- 転落防止ホロ
- 行先表示器
- ワイパー
- クーラー
- 乗務員室ドア
- 台車
- スカート(排障器)
- 連結器

屋根の上に載っている大きな部品はクーラーです。電車の中を涼しくします。

電車の車輪は、台車という大きな枠に収められます。車体に対して回転するため、カーブを曲がることができます。

大阪駅大探検

関西を代表するターミナル駅、大阪駅を探検してみよう。
大阪環状線のほか、湖西線方面や山陰方面などに向かう特急が出発します。
また、JR京都線・JR神戸線は大阪駅で路線名が変わります。
さらに駅の周りには阪急電鉄、阪神電鉄、大阪メトロ御堂筋線の梅田駅などがあります。

関西のターミナル駅を探検しよう!

阪急電鉄大阪梅田駅

大阪駅の東側に、阪急電鉄の大阪梅田駅があります。1〜9号線ホームがズラリと並び、利用客の多い時間帯はほとんどのホームにマルーンの電車が並ぶ、圧巻の光景が見られます。

21〜24番線 おおさか東線

大阪駅の北口の地下ホームは「うめきたエリア」と呼ばれます。21〜24番線があり、おおさか東線が発着します。また、特急「はるか」「くろしお」が停車します。

❶ 1・2番線は大阪環状線が使用しています。1番線が内回り(西九条方面)、2番線が外回り(京橋方面)です。
❷❸ 3〜6番線は、神戸方面に向かうJR神戸線とJR宝塚線が使用しています。3〜4番線は、大阪からJR神戸線を走る特急「こうのとり」「はまかぜ」「スーパーはくと」のほか、敦賀から特急「サンダーバード」もやってきます。5番線は急行線を走る新快速や快速、6番線は緩行線を走る各駅停車が使用しています。

❸ 5・6番線 JR神戸線・JR宝塚線

❷ 3・4番線 JR神戸線・JR宝塚線

❹❺❻京都方面に向かうJR神戸線の電車は、大阪駅からJR京都線に路線名が変わります。7〜10番線は、京都方面に向かうホームで、7番線は緩行線を走る各駅停車、8〜10番線は急行線を走る新快速や快速が使用しています。9番線はJR宝塚線の終点です。11番線は大阪から敦賀に向かう特急「サンダーバード」などが出発します。

大阪駅の向かいにある阪急百貨店を結ぶ歩道橋から見ると、大阪駅の特徴的な屋根の形がよくわかります。

❻ 11番線 東海道本線

❺ 9・10番線 JR京都線

❹ 7・8番線 JR京都線

大阪ステーションシティの「時空の広場」から見下ろした大阪駅です。写真の奥が新大阪・京都方面になります。たくさんの線路があり、ホームもズラリと並んでいます。

大阪メトロ御堂筋線梅田駅

大阪駅の東側の地下に、大阪メトロ御堂筋線の梅田駅があります。御堂筋線はドーム型の高い天井が特徴です。

阪神電鉄大阪梅田駅

大阪駅南口の向かいに、阪神電鉄の大阪梅田駅があります。こちらは地下駅で、列車が4本並ぶことができます。

❶ 1・2番線

大阪環状線

大阪駅の南口

大阪駅の南口は「サウスゲートビルディング」です。手前側が15階建て、奥が27階建てになっています。大阪の顔としてすっかり定着しました。

N700Sは、N700系の改良型です。ヘッドライトのまわりと、運転室の下の青い帯が従来のN700系とは違います。

東海道新幹線

東京 — 品川 — 新横浜 — 小田原 — 熱海 — 三島 — 新富士 — 静岡 — 掛川 — 浜松 — 豊橋 — 三河安城 — 名古屋 — 岐阜羽島 — 米原 — 京都 — 新大阪

東海道・山陽新幹線の主力車両、N700系です。すべての列車が16両で、うちグリーン車が3両という編成内容で統一されています。

東海道・山陽新幹線

東京駅を発着する東海道・山陽新幹線は、最長で福岡県の博多まで、1174.9kmを走行します。東京〜新大阪間は東海道新幹線、新大阪〜博多間は山陽新幹線に区分されています。東海道新幹線区間を走る車両はN700系で、すべて16両編成で統一されています。

山陽新幹線

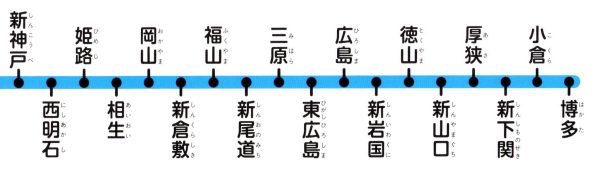

山陽・九州新幹線

山陽新幹線には、前のページで紹介した東海道新幹線と直通する16両編成の「のぞみ」「ひかり」のほか、新大阪～博多間で運転される8両編成の「ひかり」「こだま」、九州新幹線と直通して新大阪～鹿児島中央間で運転される「みずほ」「さくら」があり、車両のバリエーションも多彩です。

山陽新幹線

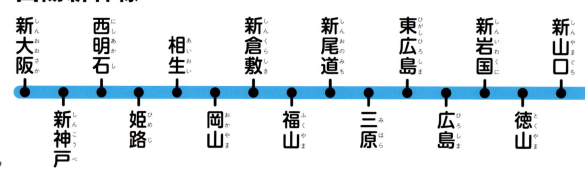

新大阪 — 新神戸 — 西明石 — 姫路 — 相生 — 岡山 — 新倉敷 — 福山 — 新尾道 — 三原 — 東広島 — 広島 — 新岩国 — 徳山 — 新山口

N700系7000番代・8000番代

山陽新幹線と九州新幹線で運転されているN700系は8両編成の7000番代と8000番代で、東海道・山陽新幹線の16両編成とは全く異なる車両です。

九州新幹線

厚狭 — 新下関 — 小倉 — 博多 — 新鳥栖 — 久留米 — 筑後船小屋 — 新大牟田 — 新玉名 — 熊本 — 新八代 — 新水俣 — 出水 — 川内 — 鹿児島中央

700系7000番代

山陽新幹線用の専用車両で、ほかの路線は走りません。「ひかりレールスター」の愛称がありますが、現在は主に「こだま」で使用されています。

500系7000番代

山陽新幹線内の「こだま」で使用されている8両編成です。もともとは16両編成の「のぞみ」として、当時世界最速の最高時速300kmで運転されていました。

923形ドクターイエロー

東海道・山陽新幹線の線路や架線の状態を走りながら確かめられる車両です。黄色い車体色から「ドクターイエロー」の愛称があります。

N700系を比べてみよう

どちらのN700系も同じ車体形状ですが、右の山陽・九州新幹線用は車体色が青みがかった白です。

東海道・山陽新幹線用の16両編成と、山陽・九州新幹線用の8両編成では車体の色調が異なります。また、8両編成の普通車指定席は4列のゆったりとしたシートが並んでいます。両タイプの外観を見比べてみよう。

東海道・山陽新幹線用の側面です。N700AにはおおきくAと書かれています。

山陽・九州新幹線用の側面です。青い帯の上下には細い金色の帯が入ります。

寝台特急サンライズ出雲・サンライズ瀬戸
285系

東京と出雲市を結ぶ「サンライズ出雲」と、東京と高松を結ぶ「サンライズ瀬戸」は、夜に出発して朝に到着する寝台特急です。東京〜岡山間では連結して運転されます。大阪には、東京行きの列車のみが停車します。

電車・気動車・寝台車などいろいろな特急が関西エリアを結ぶ

JRの特急列車

特急サンダーバード
683系

路線網が広大なJR西日本では、大阪や京都を中心にいろいろな都市を結ぶ特急を運転しています。東海道・山陽新幹線に接続して便利な特急から、車内にベッドがある寝台特急まで多彩です。

特急ひだ
HC85系

「ひだ」は、主に名古屋〜高山・富山間で運転されていますが、1往復のみ大阪まで乗り入れています。架線からの電気ではなくディーゼルエンジンで発電した電気で走ります。

「サンダーバード」は大阪と敦賀を結ぶ特急で、敦賀で北陸新幹線に接続します。681系と683系で運転されていて、一部の車両はリニューアル改造で外観が変わりました。写真は青い帯が特徴のリニューアル車です。

特急くろしお
283系

283系は先頭部が展望席になっている車両で、「オーシャンアロー」の愛称があります。イルカをイメージしたデザインで、「くろしお」の中で観光特急になっています。

特急くろしお
287系

特急「くろしお」の新型車両です。「こうのとり」と同じ形式ですが、窓の下の帯色が283系と同じ青味のある緑色のオーシャングリーンです。

特急くろしお
289系

289系は、特急「しらさぎ」で使われていた683系電車を改造した車両です。先頭車には、写真の流線形と、30ページの289系と同じく運転席が高い車両があります。

特急はるか
281系・271系

関西空港と京都や米原を結ぶ空港アクセス特急です。写真では見えませんが、青く塗られた屋根には大きくJRと書かれています。

特急きのさき・まいづる
287系

京都と福知山・豊岡・城崎温泉を結ぶ「きのさき」と、京都と東舞鶴を結ぶ「まいづる」の287系です。京都〜綾部間は連結して運転される列車もあります。窓の下の帯はダークレッドです。287系は特急「はしだて」「こうのとり」でも使われています。

特急こうのとり
289系

「こうのとり」は新大阪と福知山・豊岡を結ぶ特急です。「くろしお」と同様に、289系は683系を改造した電車で、「こうのとり」用は帯がダークレッドです。289系は特急「きのさき」でも使われています。

特急はまかぜ キハ189系

大阪と浜坂・鳥取を播但線経由で結ぶ特急です。電化されていない区間も走るため、ディーゼルエンジンで走行します。

特急スーパーはくと HOT7000系

京都と鳥取県の倉吉を結ぶ特急で、車両は途中で経由する智頭急行のHOT7000系ディーゼルカーを使用しています。カーブでは速く走るために車体を傾けます。

新幹線の顔

N700系
山陽・九州新幹線のN700系です。右の東海道・山陽用よりもやや青みがかった白です。

N700系
東海道・山陽新幹線のN700系です。ノーズの先端にはヘッドライトが付いています。

500系
山陽新幹線「こだま」の500系です。ノーズが鋭く、車体は丸くなっています。

923形
ドクターイエローの923形は700系がベースです。ヘッドライトの下にカメラがあります。

電車の顔を比べてみよう

電車の顔には、新幹線のように先端がとがったものから、通勤電車のように平たいものまでいろいろあります。しかも電車の顔にはドアが中央にあるもの、片寄っているもの、ドアがないものなど多様です。

電車や気動車はそれぞれ顔が違うよ。特徴と名前を覚えてね!

特急の顔

281系
特急「はるか」は運転席の位置が高く、顔の中央に貫通扉(ドア)があります。

283系
特急「くろしお」のオーシャンアローは、イルカをイメージしたデザインの展望車です。

智頭急行HOT7000系
特急「スーパーはくと」のHOT7000系は気動車です。速そうな流線形をしています。

南海電鉄50000系
昔と未来の電車を融合した「レトロフューチャー」がコンセプトの独特なデザインです。

ちょっと懐かしい顔

201系
1979年に登場し、大和路線を走ります。昔は水色やオレンジ色の車両もいました。

京阪電鉄2200系
1964年に登場した電車ですが、リニューアル改造を受けて、各部を新しくしています。

神戸電鉄1000系
1969年に登場した電車で、丸みのある形をしています。白地に赤い帯を巻いています。

阪急電鉄5000系
1968年に登場した電車です。もともとは丸いテールライトでしたが、四角く改造されました。

ドアが真ん中にある顔

山陽電鉄5030系
阪神電鉄との直通運転に使われている電車です。銀色の車体はアルミニウムの色です。

阪神電鉄5500系
阪神電鉄の普通列車は青色を用いた車体色で、昔から青胴車と呼ばれています。

223系
JR西日本の223系のうち、阪和線を走る0番代です。丸いヘッドライトが特徴です。

225系
阪和線用の225系のうち、100番代はヘッドライトがつり上がった形をしています。

ドアが左に寄った顔

大阪メトロ21系
地下鉄のドアは非常用なので、中央にない電車が多いです。21系は御堂筋線の電車です。

大阪メトロ400系
中央線の電車です。宇宙船のような形ですが、向かって左に非常用ドアがあります。

京都市交通局20系
京都市営地下鉄烏丸線の電車です。緑色のラインが前面の両端から側面に入ります。

京阪電鉄800系
京阪京津線の電車です。一部で地下を走るので、非常用の貫通扉が付いています。

地下鉄に詳しくなろう

大阪メトロの路線

御堂筋線 M

大阪で最初に開業した地下鉄で、10両編成の電車が新大阪、梅田、なんば、天王寺などの主要駅を南北に結びます。江坂からは北大阪急行電鉄に乗り入れています。

← 北大阪急行線・箕面萱野まで直通運転

M11 江坂 / M12 東三国 / M13 新大阪 / M14 西中島南方 / M15 中津 / M16 梅田 / M17 淀屋橋 / M18 本町 / M19 心斎橋

谷町線 T

守口市の大日から八尾市の八尾南まで、御堂筋線よりも東側を結ぶ路線です。天神橋筋六丁目、東梅田、天王寺などの主要駅を結んでいます。

梅田〜心斎橋間の駅は、ドーム型の高い天井が特徴です。写真は淀屋橋駅です。

T11 大日 / T12 守口 / T13 太子橋今市 / T14 千林大宮 / T15 関目高殿 / T16 野江内代 / T17 都島 / T18 天神橋筋六丁目 / T19 中崎町

大阪メトロ30000系と22系

谷町線の22系(左)と30000系(中央と右)です。帯はラインカラーのムラサキ色です。

四つ橋線 Y

御堂筋線の西側を走る路線で、同じ停車駅もいくつかあります。また、四つ橋線の西梅田と御堂筋線の梅田、同じく四ツ橋と心斎橋は乗り換え駅になっています。

Y11 西梅田 / Y12 肥後橋 / Y13 本町 / Y14 四ツ橋 / Y15 なんば / Y16 大国町 / Y17 花園町 / Y18 岸里 / Y19 玉出

中央線 C

大阪を東西に結ぶ路線で、中央大通に沿っています。森ノ宮、ビジネス街の本町、弁天町と大阪港を結びます。東側は近鉄けいはんな線と直通しています。

C10 コスモスクエア / C11 大阪港 / C12 朝潮橋 / C13 弁天町 / C14 九条 / C15 阿波座 / C16 本町 / C17 堺筋本町 / C18 谷町四丁目

多くの人が集まる大阪に欠かせない乗り物が地下鉄です。四つ橋線、御堂筋線、堺筋線、谷町線、今里筋線は大阪を南北に結び、中央線、長堀鶴見緑地線、千日前線は東西に結んでいます。中央線は全部の地下鉄路線と接続しています。

M20	M21	M22	M23	M24	M25	M26	M27	M28	M29	M30
なんば	大国町	動物園前	天王寺	昭和町	西田辺	長居	あびこ	北花田	新金岡	なかもず

北大阪急行電鉄9000形

大阪メトロ 30000系

江坂から北大阪急行電鉄の箕面萱野まで直通運転をしているため、北大阪急行の9000形と8000形が乗り入れています。

T20	T21	T22	T23	T24	T25	T26	T27	T28	T29	T30	T31	T32	T33	T34	T35	T36
東梅田	南森町	天満橋	谷町四丁目	谷町六丁目	谷町九丁目	四天王寺前夕陽ヶ丘	天王寺	阿倍野	文の里	田辺	駒川中野	平野	喜連瓜破	出戸	長原	八尾南

近鉄けいはんな線と直通運転していて、近鉄の7000系と7020系が乗り入れています。近鉄の電車で唯一、第三軌条になっています。

大阪メトロ23系
四つ橋線では、ラインカラーの青い帯を巻いた23系が走っています。22系や25系とほぼ同じ電車です。

Y20	Y21
北加賀屋	住之江公園

近鉄7000系

近鉄けいはんな線・学研奈良登美ヶ丘まで直通運転 →

C19	C20	C21	C22	C23
森ノ宮	緑橋	深江橋	高井田	長田

大阪メトロ400系　　大阪メトロ30000A系

千日前線 S

大阪メトロ25系

なんば、日本橋、鶴橋などの繁華街やビジネス街を結ぶ路線で、千日前通にちなんだ路線名です。ラインカラーはピンク色で華やかなイメージです。

千日前線の25系です。大阪の地下鉄の多くは屋根上の架線がなく、線路脇から電気を取る第三軌条方式です。

S11	S12	S13	S14
野田阪神	玉川	阿波座	西長堀

堺筋線 K

← 阪急千里線・北千里まで直通運転

大阪メトロ66系

堺筋線は、商店街のある天神橋筋六丁目、金融街のある北浜、問屋街の堺筋本町、電気街でんでんタウンのある日本橋など、大阪の中でも重要な街を結んでいます。

堺筋線は、乗り入れる阪急電鉄に合わせてパンタグラフで架線から集電し、通常の線路を走る一般的な路線です。

K11	K12	K13	K14
天神橋筋六丁目	扇町	南森町	北浜

長堀鶴見緑地線 N

大阪メトロ70系

長堀鶴見緑地線は、線路間のプレートと車両側の電磁石の反発で走行する鉄輪式リニアモーターカー方式を日本で初めて採用しました。

長堀鶴見緑地線の運転席は通常の電車と違い、向かって左側にあります。電気は架線から集電します。

N11	N12	N13	N14
大正	ドーム前千代崎	西長堀	西大橋

今里筋線 I

今里筋線は2006年に開業した、大阪で最も新しい地下鉄です。長堀鶴見緑地線と同様の鉄輪式リニアモーターカー方式です。

大阪メトロ80系

I11	I12	I13	I14
井高野	瑞光四丁目	だいどう豊里	太子橋今市

S15 桜川　S16 なんば　S17 日本橋　S18 谷町九丁目　S19 鶴橋　S20 今里　S21 新深江　S22 小路　S23 北巽　S24 南巽

なんばは交通の要衝です。近鉄（右）と南海（左奥）のターミナル駅があり、地下鉄もたくさん乗り入れます。

阪急3300系

大阪名所の通天閣は、地下鉄では恵美須町駅が最も近いです。

大阪メトロ66系が阪急千里線を走っています。写真は柴島駅です。

K15 堺筋本町　K16 長堀橋　K17 日本橋　K18 恵美須町　K19 動物園前　K20 天下茶屋

北浜には大阪取引所があります。ビルの前には明治初期に大阪経済を構築した五代友厚の像があります。

N15 心斎橋　N16 長堀橋　N17 松屋町　N18 谷町六丁目　N19 玉造　N20 森ノ宮　N21 大阪ビジネスパーク　N22 京橋　N23 蒲生四丁目　N24 今福鶴見　N25 横堤　N26 鶴見緑地　N27 門真南

鉄輪式リニアモーターカーの線路は、間にリアクションプレートがあるのが特徴です。

I15 清水　I16 新森古市　I17 関目成育　I18 蒲生四丁目　I19 鴫野　I20 緑橋　I21 今里

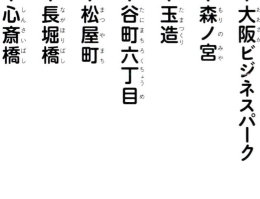

大阪ビジネスパークは大阪城公園の北側にあり、たくさんの人が働いています。

近鉄の電車

近鉄は関西地方で一番大きな私鉄です。大阪を拠点に京都、奈良、吉野、名古屋、賢島などを結び、通勤電車から特急までたくさんの列車を走らせています。線路の幅は1435mmですが、南大阪線や吉野線の系統は1067mmです。

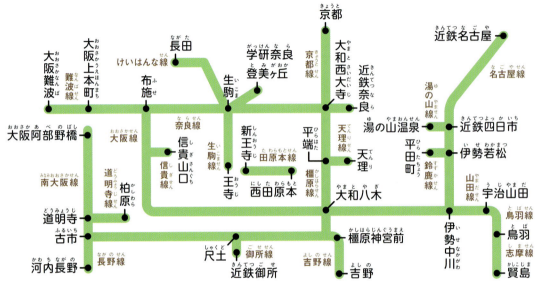

8A系

近鉄が2024年10月に奈良線、京都線、橿原線、天理線に投入した新型電車です。車内はロングシートとクロスシートを転換できるL/Cシートです。新しい通勤電車シリーズとして、8A系をベースにした車両が各線に投入されていく予定です。

撮影協力/近畿日本鉄道株式会社

5200系
大阪線や名古屋線の急行など、長距離列車で使用できる車両です。進行方向を向く転換クロスシートやトイレを装備し、長時間の乗車でも快適なつくりになっています。

5820系
ブラウンとホワイトの近鉄電車は、「シリーズ21」という愛称があります。5820系の車内は、座席が回転して横長のロングシートと進行方向を向くクロスシートに転換できます。

3200系
主に近鉄京都線で使用する電車で、京都市営地下鉄烏丸線にも乗り入れます。近鉄の電車では珍しく、前面の貫通扉が向かって左に片寄って付いています。

8810系
1981年に登場した通勤電車で、奈良線・京都線系統で走っています。前面窓の上の銀色が特徴で、シリーズ21が登場するまで同様のデザインの車両が登場しました。

2410系「伊勢志摩お魚図鑑」
2410系は1968年に登場した通勤電車です。モ2423は、伊勢でとれた魚を大阪で売る人のための車両です。伊勢志摩の海に生息する魚介類が描かれています。

6020系
6020系は線路幅1067mmの南大阪線・吉野線向けの通勤電車です。写真は加速の良さでラビットカー(ウサギ)の愛称がついた、6800系の登場時の塗装を復元した車両です。

南海電鉄の電車

南海電鉄は、なんばを起点に和歌山市を結ぶ南海線を中心に、多くの支線が分岐しています。関西国際空港を結ぶ空港線は、特急「ラピート」などが運転されています。一方で、高野山のふもとにある極楽橋を結ぶ高野線は厳しい急勾配があり、海沿いを走る和歌山線系統とは大きく異なります。そのため、南海線系統は20m級の電車ですが、高野線の橋本より南の勾配区間は17m級で勾配に強い電車が走っています。

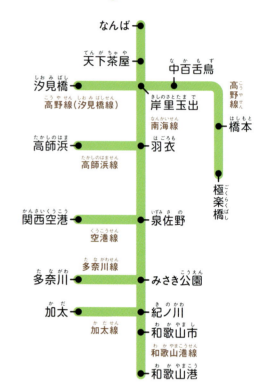

8300系

2015年に登場した南海で一番新しい通勤電車で、南海線を走ります。4両編成と2両編成があり、車内はロングシートになっています。空港線も走るため、案内モニターでは4カ国語で表示します。

8000系

2007年に登場した通勤電車で、JR東日本のE231系と一部共通の部品があります。すべて4両編成で、特急「サザン」の普通車として連結する運用もあります。

1000系

1992年に登場した南海線用の通勤電車です。高野線用の2000系の技術も取り入れられました。6両編成、4両編成、2両編成があります。高野線の橋本まで走ることもあります。

2000系

高野線用として1990年に登場した電車で、勾配区間も走れるように17m級の小さな車体です。一部は南海線も走っていて、前面に「2扉車」と表示されています。

7100系

1969年に登場した南海線用の通勤電車です。以前は黄緑色と濃い緑色のツートンでしたが、現在はすべて新しい南海カラーに変更されています。4両編成と2両編成があります。

6200系

1974年に登場した通勤電車です。昔のステンレス製の電車は車体にコルゲートと呼ばれるギザギザがありました。昔は銀色でしたが、現在は南海カラーの帯が入っています。

2300系

高野線の勾配路線を走る電車は、平坦路線も勾配路線も走れる性能から「ズームカー」の愛称があります。2300系は最新のズームカーで、17m級の小さな車体です。

京阪電鉄の電車

京阪電鉄は大阪の淀屋橋と京都の出町柳を結ぶ京阪本線・鴨東線を中心に、天満橋から中之島を結ぶ中之島線、枚方市から私市を結ぶ交野線、中書島から宇治を結ぶ宇治線があります。また、御陵とびわ湖浜大津を結ぶ京津線、石山寺と坂本比叡山口を結ぶ石山坂本線がありますが、こちらは本線とはつながっておらず、独自の路線になっています。京津線は56・57ページで紹介しています。

3000系

京阪電鉄の車両の中で、3000系だけは青色と白色の専用カラーです。2008年の中之島線開業にあわせて登場しました。車内は2列と1列の3列配置の転換クロスシートで、特急などで使われています。

13000系

3000系をベースにした通勤電車で、車内は横長のロングシートになっています。写真の4両編成のほか7両編成と8両編成もあります。

10000系

主に宇治線と交野線で使用されている通勤電車です。登場したときは4両編成でしたが、7200系や9000系を組み込んで写真のような7両編成になった列車もあります。

7200系

1995年に登場した通勤電車です。前面のデザインは9000系や10000系にも引き継がれました。窓は電動で開けることができます。主に京阪本線で運転されています。

9000系

急行から普通列車まで使える電車として1997年に登場しました。最初は向かい合わせ席のあるセミクロスシートでしたが、現在はロングシートに改造され、特急にも使用されています。

6000系

1983年に登場した通勤電車です。以前の京阪電鉄は上が若草色、下が青緑色のツートンでしたが、現在はすべて変更され、復刻カラーでのみ見られます。

1000系

1977年に700系から改造された通勤電車で、1960年代以降の京阪電車らしい顔をしています。リニューアル改造された際に前面の貫通扉のデザインが変更されました。

阪急電鉄の電車

阪急電鉄は、大阪梅田を起点に神戸三宮とを結ぶ神戸線、宝塚とを結ぶ宝塚線、京都河原町とを結ぶ京都線が三大幹線になっています。このうち京都線は、神戸線・宝塚線とは違う車両が使用されていて、百の位が3になっていて区別できます。なお、千里線は大阪メトロ堺筋線と相互乗り入れをしていて、大阪メトロの電車は京都線にも入ってきます。

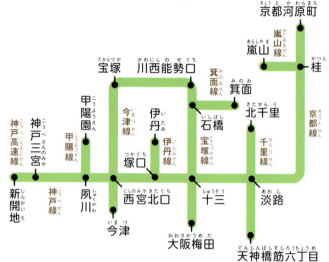

2300系

阪急の最も新しい京都線用の2300系です。座席指定サービス「PRiVACE」車両を連結しています。阪急電車はマルーンの車体色に毛足の長いオリーブ色のシート、車内の木目調の壁が昔からの伝統です。

撮影協力/阪急電鉄株式会社

1000系

神戸線・宝塚線用の1000系です。京都線用の1300系よりも、車体の幅が少しせまくなっています。能勢電鉄に乗り入れる「日生エクスプレス」でも使われます。

9300系

9000系列のうち、9300系は京都線用の車両です。9000系は横長のロングシートですが、9300系は進行方向を向く転換クロスシートで、主に特急で使用されています。

8000系

1989年に登場した神戸線・宝塚線用の通勤電車です。前面窓やライトのある部分がへこんだ形が特徴です。製造時期により顔に違いがあるので、見かけたら観察してみよう。

3300系(左) 7300系(右)

3300系は1967年、7300系は1982年に登場した京都線用の通勤電車で、千里線を走行して大阪メトロ堺筋線にも乗り入れます。7300系は屋根がアイボリー色になっています。

6000系

神戸線・宝塚線用の通勤電車です。両線で使う8両編成のほか、箕面線や伊丹線の4両編成、今津南線と甲陽線用の3両編成、増結用の2両編成などいろいろな長さがあります。

5300系

京都線用の5300系のほか、神戸線用の5000系、宝塚線用の5100系と路線ごとに形式が分けられています。千里線でも使用され、大阪メトロ堺筋線にも乗り入れています。

45

阪神電鉄の電車

阪神電鉄は、大阪の中心地・大阪梅田と神戸の元町を結ぶ路線で、神戸高速線を経由して山陽電鉄の山陽姫路まで相互乗り入れをしています。また、尼崎で分岐する阪神なんば線は、大阪難波から近鉄奈良線に乗り入れて、近鉄奈良まで直通しています。関西地方の私鉄は相互乗り入れが少ないので、阪神電鉄のような乗り入れの多い会社は珍しいです。

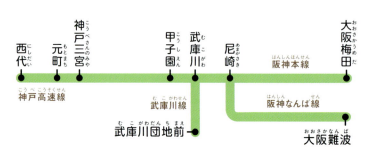

阪神タイガースカラーの電車は武庫川線専用です

5700系

2015年にデビューした、阪神の最新の電車です。阪神では伝統的に普通列車は青い車体色にして特急と区別しています。5700系ではドアまわりを丸く青色にしています。

1000系

特急や急行などの優等列車用の電車は、昔から赤胴車と呼ばれています。1000系は特急などの優等列車に使用され、ドアまわりがオレンジ色になっています。阪神なんば線から近鉄奈良線にも乗り入れています。

9300系

山陽電鉄に乗り入れる直通特急でも使用するため、阪神の電車では珍しく進行方向を向く転換クロスシートの車両があります。新しい赤胴車カラーを最初に採用しました。

9000系

1996年に登場した、阪神電鉄では久しぶりのステンレス車体の電車です。登場時は赤い帯でしたが、現在はオレンジ色の帯です。近鉄奈良線にも乗り入れています。

5500系

普通列車用の電車で、車体色はうすいブルーとアイボリーのツートンでした。2017年からリニューアル改造が行われ、5700系にあわせて濃いブルーに変更されました。

8000系

1984年に登場した優等列車用です。最初は上がクリーム色、下が赤色の赤胴車カラーでしたが、2002年からのリニューアル改造で写真の新しいカラーに変更されました。

地下トンネルを出て、駅に入線する20系。20系は2021年に登場した烏丸線用の新しい電車です。

京都市交通局の電車

京都市内を結ぶ便利な地下鉄のネットワーク

京都市には地下鉄が2路線あります。烏丸線は国際会館と竹田を南北に結ぶ路線で、竹田から近鉄京都線に乗り入れる列車もあります。烏丸御池で接続する東西線は、太秦天神川と六地蔵を結ぶ路線で、御陵から太秦天神川まで京阪京津線の800系が乗り入れてきます。全駅にガラスのホームドアがあります。

竹田駅で並ぶ近鉄3220系(左)と京都市交通局10系(右)。地下鉄の電車の一部は、新田辺または近鉄奈良まで直通します。

神戸市交通局の電車

住宅の多い山側と海岸線に沿って結ぶ2つの路線

神戸市にも地下鉄が2系統あります。神戸市の山側の谷上と西神中央間をU字状に結ぶ西神・山手線、北神線と、港の方の新長田と三宮・花時計前間を結ぶ海岸線です。海岸線には夢かもめの愛称があります。両路線は線路の規格が異なり列車の乗り入れはありませんが、新長田で乗り換えることができます。

5000形

海岸線は、線路の間に敷かれたプレートを車体側のコイルと反発させて進むリニアモーター駆動方式です。

6000形

2018年に登場した西神・山手線、北神線用の電車です。前面と側面の帯は、ラインカラーの緑色です。

山陽電鉄の電車

山陽電鉄は、神戸市の西代と山陽姫路を結ぶ本線と、飾磨と山陽網干を結ぶ網干線の2路線があります。多くの列車が神戸高速鉄道に乗り入れて、高速神戸駅や阪急の神戸三宮駅などを結んでいます。さらに直通特急は阪神電鉄の大阪梅田まで乗り入れるため、大阪に早く行くことができます。

6000系

2016年に登場した、山陽電鉄の最新車両です。山陽電鉄の中だけを走るときは3両編成、直通特急では2編成を連結して6両編成で運転されています。

主にS特急や直通特急などの優等列車で使用される車両です。多くの座席は背もたれの方向を変えられる転換クロスシートで、長時間の乗車でも快適です。

5000系

1990年に登場した通勤電車です。泉北高速鉄道の沿線には住宅やマンションが多く、たくさんの人に利用されているのが写真からもわかります。

5000系

泉北高速鉄道の電車

泉北ニュータウンを支える電車

2007年に登場した通勤電車です。車体はアルミニウム合金製で、白地に青色と水色の帯を巻く、泉北高速鉄道のカラーです。

泉北高速鉄道は、南海電鉄の中百舌鳥と和泉中央を結ぶ路線です。沿線には大規模な団地がたくさんあり、大勢のお客さんが通勤や通学に利用しています。中百舌鳥から南海電鉄に乗り入れて、難波まで直通する列車が多いので便利です。

7020系

神戸電鉄の電車

神戸電鉄は、神戸市の湊川を起点に有馬温泉と結ぶ有馬線を中心に、途中の有馬口から三田を結ぶ三田線、三田線の横山からウッディタウン中央駅を結ぶ公園都市線からなる有馬・三田線系統と、有馬線の鈴蘭台と粟生を結ぶ粟生線があります。すべての列車が湊川から神戸高速線の新開地まで乗り入れています。

新旧さまざまな形式の電車が走っています

5000系（左）
6000系（右）
神戸電鉄にはさまざまな形式の電車が走っています。勾配が急な路線なので、いずれも高性能な電車です。

6500系

2016年に登場した神戸電鉄の最新の電車です。外観は6000系のデザインを引き継いでいますが、省エネ性や多言語表示、バリアフリー化が行われています。

北大阪急行電鉄の電車

北大阪急行電鉄は、大阪メトロ御堂筋線の江坂と箕面萱野を結ぶ路線です。電車は大阪メトロ御堂筋線と相互乗り入れをしていて、自社の車両のほか、御堂筋線の電車も走っています。

9000形

北大阪急行電鉄は御堂筋線と同じ規格になっているため、線路の脇から電気を集電する第三軌条方式です。そのため、屋根の上に架線やパンタグラフがありません。

能勢電鉄の電車

能勢電鉄は、阪急電鉄宝塚線の川西能勢口から妙見口を結ぶ妙見線と、途中の山下から日生中央を結ぶ日生線の2路線があります。日生中央からは、阪急宝塚線に乗り入れて阪急電鉄の大阪梅田とを結ぶ特急「日生エクスプレス」も運転されています。

5100系

5100系は、元・阪急電鉄の車両で、阪急時代のマルーン色で塗られています。昔の能勢電鉄のカラーに塗り替えた車両もあります。

叡山電鉄の電車

叡山電鉄は京都の出町柳と八瀬比叡山口を結ぶ叡山本線と、途中の宝ヶ池から鞍馬を結ぶ鞍馬線の2路線があり、1両または2両の小さな電車で運転されています。通勤や通学のお客さんのほか、観光客も多いため、窓を大きくした展望列車「きらら」も運転され、人気を集めています。

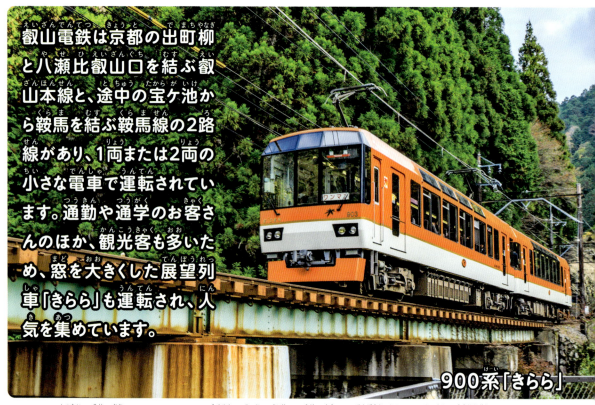

900系「きらら」

「きらら」は、車体の窓を大きくするだけでなく、側面と屋根の間にも窓を設けた展望列車です。車体の上半分がメープルオレンジの写真の編成のほかに、メープルレッドの編成もあります。

水間鉄道の電車

水間鉄道は、大阪府の貝塚と水間観音を結ぶ5.5kmの路線です。終点駅の近くには、水間観音とよばれて親しまれている水間寺があり、お参りするお客さんに向けてつくられた歴史ある鉄道会社です。

有名なお寺に参拝するための鉄道路線は「参詣鉄道」という言い方をします

1000形はステンレス製の車体の2両編成で、4本あります。帯の色は写真の青色のほか、赤色、緑色、オレンジ色とそれぞれ異なります。

1000形

近江鉄道の電車

近江鉄道は、滋賀県内の琵琶湖の南東に路線網をもつ鉄道会社です。米原と貴生川とを結ぶ近江鉄道本線を軸に、途中の高宮と多賀大社前とを結ぶ多賀線、同じく途中の八日市と近江八幡とを結ぶ八日市線の3路線があります。

モハ800形

元・西武鉄道の401系電車を改造した車両で、黄色一色で塗装されています。車体の裾の角が切り欠きされているのが特徴です。

嵯峨野観光鉄道の列車

機関車が引く観光列車

渓谷沿いの美しい景色の中を走る嵯峨野観光鉄道。DE10形ディーゼル機関車が牽引しますが、反対向きに進む時は客車から運転できるようになっています。

JR山陰本線の嵯峨〜馬堀間を現在のルートに切り替える際に、景色が美しい古い路線が廃線となりましたが、2年後に観光客向けのトロッコ列車として開業したのが嵯峨野観光鉄道です。電車ではなく、ディーゼル機関車が客車を牽引しています。特に新緑の春と紅葉の秋が人気です。

DE10形・SK100・200・300形

京阪京津線の大冒険

京阪電鉄の京津線は、始発から終点まで乗るだけで
冒険をしているような気分になります。
地下にある御陵駅を出発すると、
しばらく地下鉄のようにトンネルの中を走ります。
そして、地上に出て京阪山科、四宮、追分の各駅を
停車しながら坂を登っていきます。
頂上に近い大谷駅は駅のホームも急勾配です。
下り坂になると急カーブを曲がり、
上栄町を過ぎると今度は道路を走ります。
車窓の先に琵琶湖が見えたら、終点のびわ湖浜大津です。

地下鉄？山岳鉄道？路面電車？いろいろな顔をもつ京阪京津線で冒険の旅に出てみよう！

京津線の800系が地下トンネルから出てきました。緑色の800系は新塗装です。

御陵 ― 京阪山科 ― 四宮 ― 追分

ユニークな屋根の形をした京阪山科駅。JR琵琶湖線との接続駅です。

大谷駅は急勾配にあるので、ベンチの足の長さがちがいます！

上栄町の先からびわ湖浜大津までは、道路の真ん中を電車が走る併用軌道です。4両編成の電車が自動車やバイクと並んで走る姿は圧巻です。

びわ湖浜大津

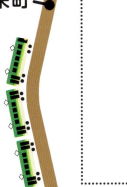
上栄町

国道161号から専用軌道に入る電車です。信号機と踏切が設置されているのもユニークです。

琵琶湖

カーブでキーキー鳴るのをおさえるため、スクリンプラーで水を撒いている場所もあります。
※写真のカラーの電車はすべて新塗装に塗り替えられました。

大谷

まるで鉄道模型のような急カーブを4両編成の電車が曲がっていきます。左の奥に見えるのは、京阪電鉄で唯一（鋼索線を除く）のトンネルの逢坂山隧道です。

私鉄の特急と観光列車

関西の大手私鉄のうち、近鉄と南海電鉄では有料の特急を運転しています。また、京阪電鉄と阪急電鉄では特急に豪華な指定席があります。個性的な特急列車と、人気の観光列車を紹介します。

近鉄の特急

日本でもっとも長い路線をもつ私鉄の近鉄では、たくさんの特急を運転していて、目的地に応じて異なる個性の電車があります。また、一般の特急電車は新しい塗装に変更されました。

21000系「アーバンライナーplus」

21000系は1988年に「アーバンライナー」として登場し、大阪難波〜近鉄名古屋間の特急として人気を集めました。2003年からリニューアルされ、「アーバンライナーplus」となりました。

50000系「しまかぜ」

「しまかぜ」は近鉄を代表する豪華な特急電車です。車内にはゆったりとしたプレミアムシートが並び、家族やグループで楽しめる個室やサロン席もあります。両先頭車はハイデッカー車で、中間のダブルデッカー車にはカフェがあります。近鉄の三大主要駅である大阪難波、京都、名古屋と賢島を結んでいます。

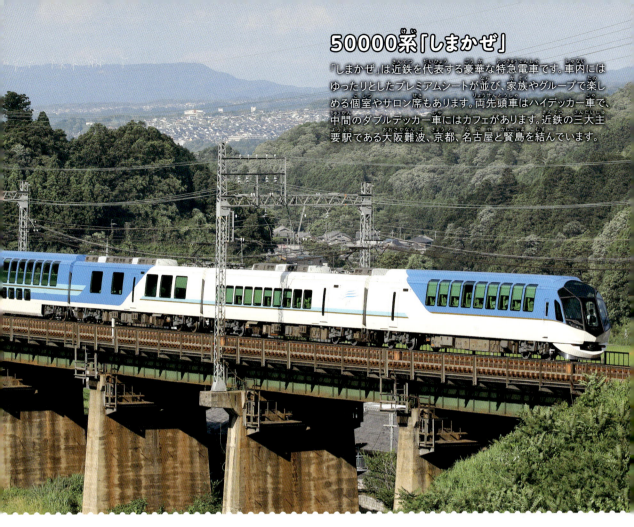

80000系「ひのとり」

2020年3月にデビューした新しい特急電車です。大阪難波～近鉄名古屋間の「アーバンライナー」の後継です。大阪難波～近鉄奈良間の特急でも使用されています。

23000系 「伊勢志摩ライナー」

伊勢・志摩への観光利用を重視した楽しい特急として、1994年に登場しました。縦長の窓の車両はサロンカーです。2012年にリニューアルされ、黄色と赤色の2種類の塗装があります。主に大阪難波、京都、名古屋と賢島を結んでいます。

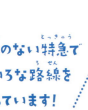

愛称名のない特急でいろいろな路線を走っています！

22000系「ACE」

22000系は近鉄のスタンダードな特急電車で、多くの路線で運転されています。2両編成と4両編成があり、単独で走るほか、異なる特急車との併結運転もあります。ほぼ同じ車両で、線路の幅が狭い南大阪線・吉野線向けの16400系もあります。

26000系「さくらライナー」

大阪阿部野橋と吉野を結ぶ南大阪線・吉野線の特急「さくらライナー」です。近鉄の線路幅は1435mmですが、南大阪線・吉野線は1067mmとせまいため、専用の車両が走っています。1990年の登場時は緑色の帯でしたが、2011年のリニューアルでピンク色の帯になりました。

16200系「青の交響曲」

南大阪線・吉野線の観光特急として2016年に登場しました。一般車の6200系を特急用に改造した3両編成で、車内はデラックスシート、グループ向けのサロン席があり、2号車にはバーカウンターとラウンジスペースがあります。

ほかの特急列車とは違う豪華な観光特急

30000系「ビスタEX」

近鉄では1958年から特急に2階建て車両の「ビスタカー」を運転し、名物となっていました。その3代目として1978年に30000系が登場し、1996年にリニューアルされたのが「ビスタEX」です。4両編成の中間に2階建て車両を2両連結し、大阪難波や近鉄名古屋と賢島を結ぶ特急などで使われています。

南海電鉄の特急

沿線に有名なお寺の高野山がある南海電鉄では、古くから特急「こうや」を運転しています。また、和歌山方面とを「サザン」が結んでいます。関西国際空港とを結ぶ「ラピート」は個性的なデザインで人気です。

1994年に関西国際空港が開港し、なんばと関西空港を結ぶエアポート特急として誕生しました。スピード感のある先頭部と丸い窓が特徴です。車体色は青色ですが、イベントやタイアップで赤色や黒色、白とピンク色になったこともあります。

50000系「ラピート」

12000系「サザン」

なんば〜和歌山市または和歌山港を結ぶ特急で、一般車と連結して運転されています。12000系は2011年に登場した車両で、「サザン・プレミアム」の愛称があります。

30000系「こうや」

なんばと極楽橋を結ぶ特急「こうや」の専用車両です。高野線の急勾配に直通するため出力が強力で、車体長はやや短かい17mになっています。

10000系「サザン」

1985年に登場した「サザン」用の車両です。メタリックシルバーに青色とオレンジ色の帯を巻く南海色をまとい、左の12000系とともに「サザン」で走ります。

31000系「りんかん」

なんば〜極楽橋間の「こうや」となんば〜橋本間の「りんかん」で使用される、高野線の特急電車です。高野線の急勾配に直通するため、車体長は17mと短かめです。

泉北高速鉄道の特急電車

南海電鉄と直通運転をしている泉北高速鉄道では、南海の11000系と泉北の12000系を使用して、なんば〜和泉中央間で特急「泉北ライナー」を運転しています。泉北の12000系は、左の南海12000系「サザン」とほぼ同じ仕様ですが、車体色が大きく異なるので、同じ形の電車とは思えないほどです。

泉北高速鉄道の12000系。ゴールド(金色)をベースにしたカラーをまとっています。

京阪電鉄の特急

京阪電鉄では、古くから特急の専用車両を走らせています。近鉄や南海の特急のように、特急料金は必要なく、2階建て車両も自由に乗車できます。2017年からは座席指定車のプレミアムカーが連結されています。

6号車に連結される赤い車両がプレミアムカーです。大きなシートが並ぶゆったりとした豪華な内装で人気があります。

8000系「エレガント・サルーン」

京阪電鉄の普通列車は緑色と白色の塗り分けですが、特急用の8000系は赤色と黄色の塗り分けの間に金色の帯を巻いた専用カラーをまとい、前面にハトが描かれたヘッドマークを掲げています。

阪急電鉄の特急

阪急電鉄では神戸線、宝塚線、京都線の主要幹線で特急を走らせていますが、このうち京都線のみは座席を進行方向に変えられる専用車両を走らせています。2024年7月から、京都線の特急・通勤特急・準特急に、座席指定サービス「PRiVACE」が導入されました。

2300系の4両目に連結される「PRiVACE」専用車です。ドアは車両の真ん中にあります。2300系の写真は44ページにあります。

撮影協力/阪急電鉄株式会社

阪急電鉄 京とれいん雅洛

阪急京都線の大阪梅田〜京都河原町間で土曜、日曜、祝日に運転されている観光列車です。京都らしいシートや壁で、車体には金色で扇が描かれています。特別料金なしで乗車できます。

南海電鉄 天空

山深い高野線の橋本〜極楽橋間を走る観光列車です。座席は渓谷側を向いて配置され、高野山の眺めを楽しめます。乗車券のほかに座席指定券が必要です。

観光列車

特急ではありませんが、個性的な外観や内装で、旅行をする人たちが楽しくなる観光列車もたくさん運転されています。

南海電鉄高野線の山深い路線を走る観光列車

近鉄 あをによし

京都と近鉄奈良との往復を中心に、大阪難波〜京都間でも運転されている観光特急です。古都を結ぶ特急にふさわしく、豪華な外観や内装で人気です。

めでたいでんしゃ

加太線の和歌山市〜加太間で運転されている観光列車で、特別料金なしで乗車できます。写真の「めでたいでんしゃ さち」など、全部で5色があります。

近鉄奈良線は昔の都、平城京の中を通り抜けていきます

EF210形

EF65形

1970年代に製造された電気機関車です。昔はブルートレイン（寝台特急）も牽引しました。

EF66形

流線形をした電気機関車で、昔は日本でもっとも強力な機関車でした。

EF210形

左の写真と同じEF210形ですが、300番代は勾配の補助機関車にもなり、塗装が違います。

EF510形

直流、交流50Hz、交流60Hzのすべての電化区間を走れる電気機関車です。写真の赤色のほか、青色と銀色があります。

日本でもっとも両数が多い機関車です。車体側面に「桃太郎」と書かれています。伊吹山を背に、コンテナを満載した貨車をたくさん牽引しています。

強いぞ！力持ち！

電気機関車

電車は、モーターを搭載する車両と搭載しない車両を混ぜて編成を組んでいますが、機関車は強力なモーターを搭載し、1両で客車や貨車をたくさん引っ張ります。1両では力が足りない場合は、2両連結して重連で牽引します。

貨物列車のターミナル

貨物列車は、みなさんが利用する駅ではなく、専用の貨物ターミナルでコンテナや貨物を載せたり下ろしたりします。大阪周辺には3つの貨物ターミナルがあります。

百済貨物ターミナル

大和路線の東部市場前駅と平野駅の間にある貨物ターミナルです。貨物列車はおおさか東線からターミナルに入ります。東部市場前駅の近くには横断通路があり、フォークリフトがコンテナを積んだり、下ろしたりする様子が見られます。

横断通路にはガラスの壁があり、安全に貨物列車を見ることができます。

> 京阪神地区の物流を支える一大拠点です!

広大な百済貨物ターミナルです。貨物列車を牽引するEF66形が停車しているのが見えます。

連絡通路から大阪駅側を見たところです。線路がたくさん広がり、コンテナを下ろした貨車がたくさん並んでいます。

吹田貨物ターミナル

JR京都線の吹田駅周辺には、かつては貨物駅や車両基地、工場などたくさんの鉄道施設がありました。現在の吹田貨物ターミナルは岸辺駅に隣接した場所にあり、駅の連絡通路からターミナルに停まる貨物列車を見ることができます。

京都駅方面から、EF510形に牽かれた貨物列車がやってきました。

安治川口駅

安治川口駅は、JRゆめ咲線の駅と貨物列車の駅があり、ホームから機関車や貨物列車を見ることができます。貨物電車の「スーパーレールカーゴ」は、安治川口駅を発着しています。

コンテナ電車のM250系「スーパーレールカーゴ」は、安治川口駅と東京貨物ターミナルを結んでいます。

安治川口駅のホームからは、コンテナや機関車が見えます。

安治川口駅の近くにある踏切からは、広大な貨物駅の様子が見えます。

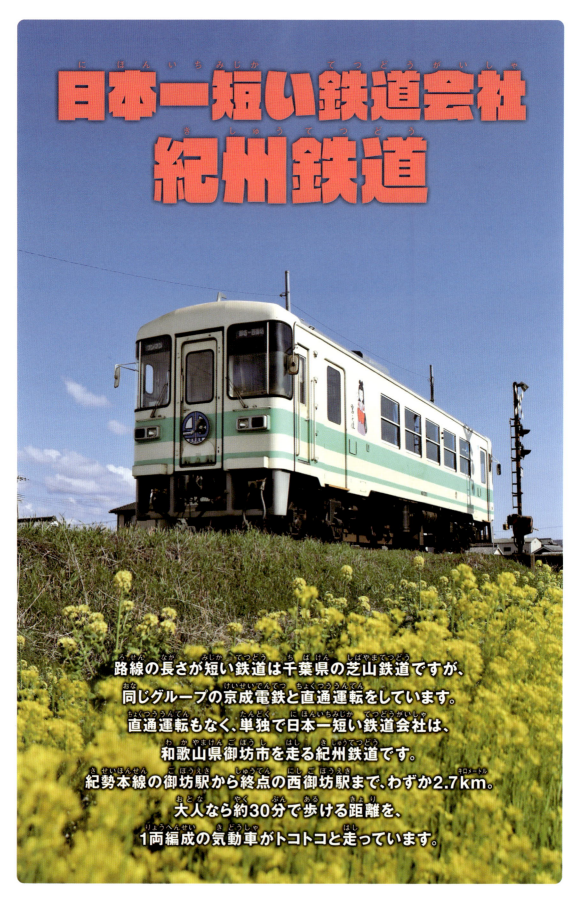

日本一短い鉄道会社 紀州鉄道

路線の長さが短い鉄道は千葉県の芝山鉄道ですが、同じグループの京成電鉄と直通運転をしています。直通運転もなく、単独で日本一短い鉄道会社は、和歌山県御坊市を走る紀州鉄道です。紀勢本線の御坊駅から終点の西御坊駅まで、わずか2.7km。大人なら約30分で歩ける距離を、1両編成の気動車がトコトコと走っています。

紀勢本線

御坊

御坊駅で出発を待ちます。右に見えるホームは紀勢本線です。

1.5km

御坊から学門へは、大きくカーブを曲がるため、駅の間隔は1.5kmもあります。背後の山は亀山城跡です。

学門

0.3km

紀伊御坊

紀伊御坊駅に隣接して車庫があります。KR301形は、現在は写真のツートンカラーです。

0.6km

市役所前～西御坊間には小さな踏切がたくさんあります。遮断棹はありませんが、警報器が付いています。

市役所前

0.3km

終点の西御坊駅で、列車は折り返します。小さな鉄道の旅は楽しそうです。

西御坊

紀伊御坊から西御坊まで、沿線にはたくさんの住宅があります。軒先を小さな列車が行きます。

乗ってみたいな、チンチン電車

電車が走るときに「チン！」とベルを鳴らすので、チンチン電車と呼ばれています。自動車が走る道路を一緒に走るので、路面電車ともいいます。道路とは分離された専用の線路を走る区間もあります。

1928年に製造されたモ161形164号です。後ろに見える大きなビルはあべのハルカスです。

ムラサキ色に塗られたモボ621形が、広隆寺の前の併用軌道を走ります。嵐電を象徴する風景です。

レトロ調デザインのモボ21形は、見た目は古いですが1994年に製造された新しい電車です。

京福電気鉄道

京福電気鉄道は、京都の四条大宮と嵐山を結ぶ嵐山本線と、北野白梅町と帷子ノ辻を結ぶ北野線の2路線があります。嵐電と呼ばれて親しまれています。ほとんどが専用軌道になっています。

阪堺電気軌道

阪堺電気軌道は、大阪の恵美須町と浜寺駅前を結ぶ阪堺線と、天王寺駅前と住吉を結ぶ上町線の2路線があります。1928年に製造された日本一古い電車と床が低い最新型の堺トラムが一緒に走っています。

❶モ351形351号(右)とモ601形602号(左)が、阪堺線と上町線が合流する住吉電停で並びます。

❷1001形は3車体がつながった連接車です。子どもや高齢者でも乗り降りしやすい超低床車です。

ユニークな電車 1
モノレール

モノレールは、コンクリートでできた1本のレールをゴムタイヤで走ります。関西地区で現在走っているのは、レールをまたぐ跨座式を採用する大阪モノレールのみです。

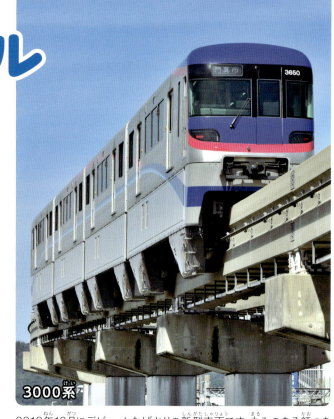

> 大阪モノレール

大阪モノレールは、日本で最も長い距離を走るモノレールです。2011年までは世界で最も長いモノレール線でした。

3000系
2018年10月にデビューしたばかりの新型車両です。丸みのある顔つきになりました。

1000系
本線と彩都線の2路線が分岐する万博記念公園では、モノレールのダイナミックな姿が見られます。

新交通システム

ユニークな電車2

新交通システムは、正式には案内軌条式鉄道といいます。専用の高架線の上を小さな車両を連ねて走る列車です。運転士は乗らずに遠隔操作され、車輪はゴムタイヤをはいています。

ポートライナー

神戸新交通が運営する路線は、三宮と神戸空港を結ぶポートアイランド線（ポートライナー）と、住吉とマリンパークを結ぶ六甲アイランド線（六甲ライナー）の2路線があります。

2000形

ポートライナーは、車窓から神戸の港を眺められます。

南港ポートタウン線

南港ポートタウン線は、大阪メトロが運営する新交通システム（ニュートラム）です。コスモスクエア〜住之江公園間を走り、地下鉄の中央線と四つ橋線を結びます。

200系

2016年に登場した、南港ポートタウン線の新型車両です。前面の色は7色あり、写真はブルーの第1編成です。

ユニークな電車3
ケーブルカー

ケーブルカーは山を登るための電車です。山頂側の駅を軸に、ケーブルの両端に付いた電車が、交互に登ったり下ったりします。

比叡山坂本ケーブル

比叡山延暦寺に参拝する人のためのケーブルカーで、ケーブル坂本駅とケーブル延暦寺駅間の距離は日本最長です。また、比叡山の京都側にある叡山ケーブルは高低差が日本一です。

男山の山上には石清水八幡宮があり、ケーブルカーで登れます。

石清水八幡宮参道ケーブル

石清水八幡宮参道ケーブルは、京阪電鉄が運営するケーブルカーです。

生駒ケーブル

生駒ケーブルは、近鉄が運営するケーブルカーです。宝山寺線と山上線の2路線があります。鳥居前駅は、生駒線・奈良線の生駒駅が最寄りです。

宝山寺線のケーブルカーには、写真のネコ顔の「ミケ」と、ブルドッグ顔の「ブル」がいます。

生駒山中腹の宝山寺駅と、頂上の生駒山上駅とを結ぶ山上線です。眼下に街並みが広がっているのが見えます。

六甲ケーブル線

神戸港が一望できる六甲山へ登るためのケーブルカーです。阪神電鉄のグループ会社が運営しています。

緑色のレトロタイプと、赤色のクラシックタイプが行き来しています。

高野山ケーブルカーは、2019年に新型車両に交代しました。

高野山ケーブルカー

南海高野線の極楽橋駅と世界文化遺産である高野山を結ぶケーブルカーです。南海電鉄が運営しています。

西信貴ケーブル

近鉄が運営するケーブルカーで、近鉄信貴線の信貴山口駅と高安山を結んでいます。

摩耶ケーブル

摩耶山に登るためのケーブルカーです。摩耶ケーブル駅と虹の駅を結んでいます。

ユニークな駅、おもしろい駅

外観がおもしろい駅やホームがユニークな駅など特徴のある駅が大集合!

日本にはたくさんの駅があります。
そのなかには、昔の建物を使い続けていたり、街の特徴を取り入れたりと、
ユニークなデザインの駅舎や構造がおもしろい駅があります。
京阪神地区の個性的な駅を集めてみました。

武庫川駅は、武庫川に架かる橋にホームがあり、川の両側に駅舎があります。

阪神本線 武庫川駅

武庫川駅の1番線に沿って歩道があります。

嵯峨野線(山陰本線)の保津峡駅も、保津川(桂川)に架かる橋にホームがあります。

嵯峨野線 保津峡駅

阪急宝塚線 服部天神駅

服部天神の境内に駅がつくられたため、2号線ホームには御神木のクスノキがあります。また、京阪電鉄の萱島駅も大きな御神木で有名です。

南海本線 なんば駅

南海電鉄には歴史ある駅舎がたくさんあります。なんば駅は南海電鉄のターミナル駅で、1932年に建てられました。中央の入り口の上には、南海電鉄の昔の社章である羽車のレリーフがあります。国の登録有形文化財です。

南海本線 蛸地蔵駅

1925年に建てられた洋館風の駅舎です。入り口の上には、岸和田城の危機を救った「蛸地蔵物語」を描いたステンドグラスがあります。

1907年に建てられた木造駅舎で、私鉄で最も古い現役駅舎でした。高架化工事のため2016年に使用をやめて移設されました。国の登録有形文化財に登録されています。

南海本線 浜寺公園駅

水間鉄道 水間観音駅

水間鉄道が開業した1926年に建てられた駅舎です。最寄りの水間寺にちなんで、お寺のような形をしています。国の登録有形文化財です。

橿原神宮前駅は、奈良県にある橿原神宮の最寄り駅です。皇室の行幸もあるため、立派な中央口があります。

近鉄南大阪線・吉野線・橿原線 橿原神宮前駅

イカロスのりものKids 好評発売中！

くわしく楽しい！
イカロスのりものKidsシリーズ
電子書籍も発売中！

とうきょうの電車大百科
新横浜線開業版
B5版／96ページ／
定価1540円（税込）

JRと私鉄の通勤電車や特急電車、新幹線、地下鉄、貨物列車まで……。首都圏（1都3県）で見られる電車が盛りだくさん！

おおさかの電車大百科
うめきたエリア開業版
B5版／80ページ／
定価1540円（税込）

カラフルな通勤電車や特急、新幹線、地下鉄、貨物列車まで、大阪・京阪神圏で見られるJRと私鉄の電車が盛りだくさん。

でんしゃでまなぶにほんちず
北陸新幹線最新版
B5版／64ページ／
定価1650円（税込）

新幹線や特急を写真やルートとともに、都道府県の名称や所在地、形、名産品、駅名などを楽しく覚えられる一冊。

電車の地図帳
北陸新幹線最新版
A4版／80ページ／
定価1980円（税込）

全国の鉄道路線を正縮尺の地図で掲載。鉄道の写真のほか地理情報も記載し、鉄道から地理まで幅広く学べる。

おおさかの電車大百科 うめきたエリア開業版
2024年10月30日 初版第1刷発行

編集	林 要介
デザイン	岩崎圭太郎
校正	木村嘉男、小寺幹久
写真協力	岸本潤一郎、佐藤幸浩、高橋 徹、PIXTA、Photo Library、写真AC

編者	イカロスのりものKids編集部
発行人	山手章弘
発行所	イカロス出版株式会社
	〒101-0051 東京都千代田区神田神保町1-105
	contact@ikaros.jp （内容に関するお問合せ）
	sales@ikaros.co.jp （乱丁・落丁、書店・取次様からのお問合せ）
印刷・製本	株式会社シナノパブリッシングプレス

乱丁・落丁はお取り替えいたします。
本書の無断転載・複写は、著作権上の例外を除き、著作権侵害となります。
定価はカバーに表示してあります。

©2024 Ikaros Publications,Ltd. All rights reserved.
Printed in Japan
ISBN978-4-8022-1516-9

内容は2024年10月1日現在の情報に基づいています。